# The Vocabulary Builder Puzzle Book

# Book 1

## FUN ACTIVITIES TO HELP YOU LEARN ESSENTIAL 11+ WORDS

To order further publications visit:

**www.elevenplustutorials.co.uk**

© Jane Armstrong, 2021

ISBN 979-8500866172

# HOW TO SOLVE CODEWORD PUZZLES

You may be familiar with many of the puzzles within this book but you may not have come across Codewords before. These puzzles have no clues. Instead, every number printed in the grid represents a letter. The same number always represents the same letter.

For example, if 8 represents S you can write the letter S wherever a square contains the number 8.

Each puzzle has a code grid beneath it with two letters already filled in to get you started. Underneath the code grid is the list of words you have to put in the puzzle.

Enter the two starter letters wherever their number appears in the grid and then try to fill in all of the words.

# HOW TO SOLVE CROSSAGRAM PUZZLES

Crossagrams are similar to crosswords. The difference is that, in a Crossagram puzzle, the clue is an anagram of the answer. So you'll have to use your knowledge of vocabulary to find the answers and fill in the grid.

# Word Search Puzzle Number 1

```
P M W V K K O F N M C C P H S C V
R X O M T L J W E I R D R F S A S
O O S G Y O J C T O D N Y L S U O
N C R T B O I N E V T O H A C M P
U V U W V M E H V G K Z L C U N H
N D Q G U H T D B H Z Y E I Y P I
C R O F T I A X M H Q S T N H Y S
I U G U L U N I O N S S F Y P P T
A N A M B A S K R F A G S C W H I
T P C L S Z K C U N S I Y X U B C
I G P A B X Q L T W O V M T N J A
O N M E N B Y I O T J U P X U Z T
N M S R U D M H H P M E A B D Q E
O M C A T M E E G X Y R S X S R D
K K C R O Y R S H K D T C G T E H
W E T C A A T R C H E A E H D D U
R F W E P R Q I H E A E N Z M S N
T R X Y Y I I T P E N H D R O T P
K P V I T F F L P Q K T U Z Y T T
U B A O T J E E T D Y M K G D I F
```

| | | |
|---|---|---|
| ACT | IDOL | SOW |
| APT | INCANDESCENT | STEEPLE |
| ASCEND | LITHE | SUCCESSFUL |
| AUTHENTIC | LOOM | THEATRE |
| COMMIT | PHYSIOTHERAPY | UNION |
| CROFT | PITY | WEIRD |
| CYNICAL | PRONUNCIATION | |
| DAUB | REALM | |
| DUTY | SOPHISTICATED | |

# Word Search Puzzle Number 2

```
K C E B A X U C L M O U X A O H S
T X K E N V V K V C G Z E C J R U
J H T I L A Y A R T E B T H A C O
X I A R E P M A H K J R T A C B U
S A F L I P D K Y X Y K E N K C C
L I A H V L B H T N O W U D A Y I
L F A G E E Q I H K Q B O K C R P
U U R W M E T F M J X V H E R A S
U N R L P H H R J J L U L R O N N
P P E I Y D F D I Z B L I C S I O
V R D T D F E C V A M P S H S D C
W E I N O D I C E I A T I I F R N
K D H M O L C K O N T K E E S O I
U I O P B W G N D Y A L C F R A L
Z C B U M R Z V V V R S N I G R Y
L T P M T Q S O I D E V A H Y T G
P A E J F U L M C W D M V D I X X
F B O Z U H D I L A P I D A T E D
A L F G T L V C S S E N A C Z I X
E E F G K C O O D L N G U D R O B
```

| ACROSS | EXTRAORDINARY | RHYTHM |
|---|---|---|
| ADVANCE | FEE | RIM |
| BECK | FOE | SANE |
| BETRAYAL | HAIL | SILHOUETTE |
| BOX | HALVE | SITE |
| CRADLE | HAMPER | UNPREDICTABLE |
| DECOY | HANDKERCHIEF | |
| DILAPIDATED | INCONSPICUOUS | |
| DON | PUBLIC | |

# Word Ladder Puzzle Number 3

| C | R | I | M | E |
|---|---|---|---|---|
| 5. | | | | |
| 4. | | | | |
| 3. | | | | |
| 2. | | | | |
| 1. | | | | |
| S | C | E | N | E |

Can you use the clues to climb the ladder?
Remember, you can only change one letter on
each step.

### Clues:

1. **Small plain cake**
2. **Glowed**
3. **Gleam**
4. **Backbone**
5. **Hourly clock sound**

# Codeword Puzzle Number 4

| | | | | | | | | | | | | | |
|---|---|---|---|---|---|---|---|---|---|---|---|---|---|
| ■ | 11 | 10 | 2 | 4 | 24 | 10 | ■ | 3 | 24 | 13 | 24 | 17 | 26 |
| 10 | ■ | 7 | ■ | 22 | ■ | 1 | ■ | 2 | ■ | 2 | ■ | 19 | 3 |
| 4 | 9 | 24 | 17 | 18 | 10 | 22 | ■ | 14 | 10 | 5 | 18 | 11 | 24 | 5 |
| 17 | ■ | 5 | ■ | 7 | ■ | 24 | ■ | 1 | ■ | 19 | ■ | 17 | 2 |
| 24 | 22 | 10 | 26 | 24 | 3 | ■ | 2 | ■ | 13 | 5 | 18 | 24 | 11 | 3 |
| 11 | ■ | 23 | ■ | 5 | 24 | 4 | 26 | 19 | 5 | 24 | ■ | 10 | 23 |
| 3 | 24 | 24 | 3 | ■ | 7 | ■ | 24 | ■ | 24 | ■ | 13 | 22 | 24 | 24 |
| ■ | ■ | ■ | 3 | 18 | 23 | 11 | 18 | 26 | 20 | ■ | ■ | ■ |
| 9 | 10 | 17 | 26 | ■ | 19 | ■ | 4 | ■ | 13 | ■ | 26 | 24 | 11 | 3 |
| 5 | ■ | 19 | ■ | 13 | 2 | 5 | 18 | 19 | 2 | 4 | ■ | 22 | 18 |
| 19 | 2 | 11 | 17 | 24 | 4 | ■ | 22 | ■ | 22 | 10 | 14 | 24 | 11 | 26 |
| 14 | ■ | 17 | ■ | 22 | ■ | 26 | ■ | 22 | ■ | 7 | ■ | 7 | 12 |
| 9 | 24 | 24 | 7 | 18 | 4 | 12 | ■ | 18 | 4 | 19 | 22 | 10 | 26 | 24 |
| 26 | ■ | 3 | ■ | 11 | ■ | 24 | ■ | 14 | ■ | 2 | ■ | 26 | 5 |
| ■ | 14 | 24 | 5 | 24 | 22 | 20 | ■ | 1 | 2 | 5 | 3 | 24 | 11 |

| 1 | 2 | 3 | 4 S | 5 | 6 | 7 | 8 | 9 | 10 | 11 | 12 | 13 |
|---|---|---|---|---|---|---|---|---|---|---|---|---|
| 14 | 15 | 16 | 17 | 18 | 19 | 20 | 21 | 22 | 23 | 24 | 25 | 26 T |

**4 letter words**
ABLE
DEED
DUMB
FLEE
LIMB
PACT
TEND
THEY

**6 letter words**
ASCEND
BURDEN
DEFECT
DITHER
DRUDGE
ELATED
FELINE
FRIEND
FURORE
LAMENT
MERELY

NAUSEA
OUNCES
PROMPT
SAVOUR
SLIVER

**7 letter words**
AVERAGE
CONCEAL
CONCEDE
DEVIOUS
DIGNITY

ELEVATE
FRETFUL
FURIOUS
ISOLATE
MARINER
PEEVISH
RESTORE
SPECIAL
UTENSIL

# Crossagram Puzzle Number 5

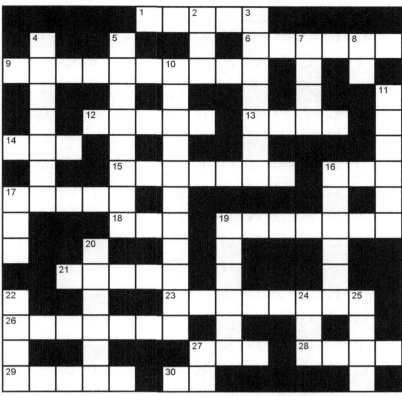

**Across**

**1** Bowel (5)

**6** Trance (6)

**9** Lope-device (10)

**12** Tilts (5)

**13** Tire (4)

**14** Nip (3)

**15** Altered (7)

**16** Tip (3)

**17** Zoned (5)

**18** God (3)

**19** Come pot (7)

**21** I bail (5)

**23** Cuss, I die! (8)

**26** Spotter (7)

**27** Sap (3)

**28** Anew (4)

**29** Shams (5)

**30** He (2)

**Down**

**2** Eel (3)

**3** Weather (7)

**4** I got rev (7)

**5** Old scant (8)

**7** Face (4)

**8** On (2)

**10** It spelt ogre (11)

**11** Sublet (6)

**16** Looped (6)

**17** Cod (3)

**19** Cosmic (6)

**20** Steals (6)

**22** Post (4)

**24** Wed (3)

**25** Pass (4)

**27** Ha (2)

# Word Search Puzzle Number 6

```
E N U D U H I M D U N O Z T I N T
V R I V E N G R J T I H I Q P I H
E J E K X H F W N I C D N W Z Y B
R T T C I N S A D R X K A G G N E
O F R M T F E I T E L Y R F W B W
P Y U X G Y J H L H F O I W H W N
O X W W R Q D G S P O E Y W W Q N
A D P D A S R L K A M M E V A R C
O W I D L F E Q Q E H O A I P H S
S I I S S W U N Q R Z H C B J L T
U W T R T J D G T A A V L C L T N
R I N Q U I S I T I V E V L A E A
U E I C P D N C T A M H H I M Q T
I R O K Z L F G K M R E I E E F I
W E J P G A F Q U V Y W N N N W B
X M M Q L K V P V I X E V T T D A
K M A K O E L C G R S E A X A E H
A R F M A Z D K R W U H Y J W L N
J A E E T V O G X W V W E C O O I
N N K A L J Q Z E B Z F D D J Y L
```

| | | |
|---|---|---|
| ACCOMPLISHED | INQUISITIVE | REAP |
| ASHEN | IRE | SENTIMENTAL |
| CLIENT | JOINT | THAW |
| COO | KIN | TINT |
| CRAVE | LAMENT | UNFATHOMABLE |
| DISTINGUISHED | MERE | VETO |
| ERECT | OMEN | |
| GLOAT | PLEDGE | |
| INHABITANTS | PUMMEL | |

# Word Ladder Puzzle Number 7

| M | A | N |
|---|---|---|
| 4. | | |
| 3. | | |
| 2. | | |
| 1. | | |
| A | P | E |

## Clues:

1. Appropriate
2. Choose
3. Cereal plant
4. Used to wipe your feet

# Codeword Puzzle Number 8

| 1 | 2 | 3 | 4 | 5 | 6 | 7 | 8 | 9 | 10 | 11 | 12 H | 13 |
|---|---|---|---|---|---|---|---|---|----|----|------|----|
| 14 | 15 | 16 | 17 | 18 | 19 | 20 | 21 | 22 L | 23 | 24 | 25 | 26 |

**4 letter words**
APEX
COAX
DOCK
JEER
LIMB
THEY
VEIL
ZOOM

**6 letter words**
BESTOW
BONNET
BURDEN
CROUCH
DEBATE
FUTILE
GLOWER
LABOUR
LATTER
MORSEL
MYRIAD

OPAQUE
ORDEAL
PROMPT
TRIVIA
VULGAR

**7 letter words**
AMATEUR
BALEFUL
CONCEAL
CREVICE
DECLARE

FRETFUL
ISOLATE
OUTRAGE
PLUMMET
PROMOTE
RESERVE
RESOLVE
RETREAT
THEATRE

# Crossagram Puzzle Number 9

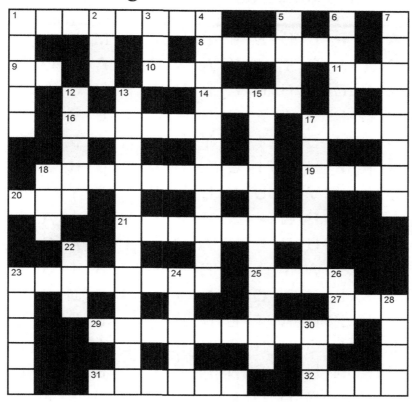

**Across**

1 Charming (8)
8 Secure (6)
9 Ma (2)
10 Asp (3)
11 Nod (3)
14 Sent (4)
16 Poodle (6)
17 Meal (4)
18 In focus? No! (9)
19 Lure (4)

20 Any (3)
21 See, apart! (8)
23 It's cheap (8)
25 Eats (4)
27 Sin (3)
29 Reductions (10)
31 Bustle (6)
32 What (4)

**Down**

1 Names (5)

2 ABC (3)
3 Sit (3)
4 A flaring end (5,6)
5 Guts (4)
6 i.e. mad (5)
7 Recanted (8)
12 Loyal (5)
13 On scale of sin (12)
15 Put no season (11)
17 Remarks (7)

18 Act (3)
22 Sue (3)
23 Loops (5)
24 Shore (5)
26 Sit (3)
28 West (4)
30 Ate (3)

# Word Search Puzzle Number 10

```
J A N P B D S F L D J C M L G L A
F P I A R T T K A X O U A G Q O J
C A D D N H U C P N A F H O A T H
H V D P I T P D C T J I E D C N V
O H S Z Q V I E Y B D H W F R O L
R K R F H P I Q E H V S N R Z B Y
E Q K J V T U L U V F T R Y I R W
O L M O P N L S E E E G E I A O L
G Q W U U O E N W G C I R A S M E
R B Y Y W I T I E Y D Q B I S K F
A J K B F T Q P G V S S E M S E Z
P B K Z U A T E M H X I L E H L I
H L E F G R R B U R B Z A F Z L Y
E J R N U E E N A F P O E Y R L D
R C V S R D U F L W D S U I X Y S
N O F L X I Q P N G N U D R M B O
G A P E T S I Z R E O T V B A L Y
G X G E Z N N O T K L G X E Z R G
F K H K T O U N K Q N G H Q T J Z
R C O I N C I D E N C E P H L O O
```

| | | |
|---|---|---|
| ANTIQUE | DIN | SHUN |
| BELLOW | DUVET | SLEEK |
| CHOREOGRAPHER | GRISLY | SNIPE |
| COAX | HELIX | TEASE |
| COINCIDENCE | HOG | UNIQUE |
| CONCEIT | INTENSE | VOW |
| CONSIDERATION | LIVID | |
| COY | NEIGHBOUR | |
| DAB | OATH | |

# Crossagram Puzzle Number 11

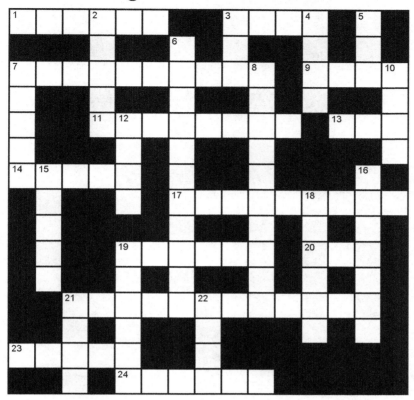

Across

1 Serves (6)
3 Plug (4)
7 Ill oneness (10)
9 Ores (4)
11 Marlines (8)
13 Saw (3)
14 Wines (5)
17 No rest, ado (9)
19 Learnt (6)
20 Ate (3)
21 On past income (12)
23 Quite (5)
24 Tinsel (6)

Down

2 Teams (5)
3 Sag (3)
4 Pats (4)
5 Art (3)
6 Ancient heir (11)
7 Keels (5)
8 On all meals (10)
10 Seat (4)
12 Time (4)
15 Wired (5)
16 Instead (7)
18 Dilate (6)
19 Timers (6)
21 Inch (4)
22 Neon (4)

# Codeword Puzzle Number 12

| 1 | 2 | 3 | 4 | 5 | 6 | 7 | 8 | 9 | 10 A | 11 | 12 | 13 |
|---|---|---|---|---|---|---|---|---|---|---|---|---|
| 14 | 15 | 16 | 17 | 18 | 19 | 20 | 21 | 22 | 23 | 24 | 25 K | 26 |

**4 letter words**
APEX
DENY
DUPE
ENVY
OATH
TEND
TINT
YELP

**6 letter words**
ACCUSE
ASSIST
BETRAY
CAPTOR
CLIENT
COVERT
DETEST
HATRED
INSANE
LABOUR
PALLOR
RACKET
SENTRY
STOCKY
TARMAC
TIRADE

**7 letter words**
AWKWARD
COUNSEL
ERRATIC
EXPENSE
GALLANT

ISOLATE
PIONEER
PURPOSE
SINCERE
SPECIAL
SWOLLEN
TRAITOR
TREASON
WILLING

# Word Search Puzzle Number 13

```
P M K E L U U V U Q G O S L G O U
I B W E T D X F H X H C P Y Q A Z
Z T S U B O R S X S S A S Z R T C
M N Q O G S X I W U B E V R O U P
Y I R S A T K B O B T I A O W N C
B U T U D W S I K S W Y L V W I S
L P I R R V R B Q B R C C Y T T V
K H S U B T R O P I C A L I R E U
S E P T S H M S P L P X R I P E U
V M W U E K D H W P X C V I Y L W
N O D A O E C H L H O E C J C S X
B N A T P G L O B M Y S M U N I X
I E Z U V D P F Y K X Q E Y X A M
K R V U S U O I T N E I C S N O C
L O E Y A R E I T E G L Y R Q K W
G U L X T D A J F A X E G X K B I
P S W Y M B O N E D T O B T V P P
W C F K R O Q P K S K V F G S N G
Q O A I O K P E T U L A N T X O H
R I E D R Z L X K Z T C Q Y F S B
```

| | | |
|---|---|---|
| ADOPT | INDUSTRIOUS | STRIVE |
| ARRAY | ISLE | SUBTROPICAL |
| AVOW | KNEAD | SYMBOL |
| CAD | ONEROUS | TAUT |
| CONSCIENTIOUS | OPPOSE | UNITE |
| CRITIC | PETULANT | WOE |
| DRUDGE | RANK | |
| FIR | ROBUST | |
| FORTY | SLY | |

# Word Search Puzzle Number 14

```
P P T Y X L G P H R T E U I H B H
S A A N S D M Q R J D O L C Y V L
P U L N U I W B Z C G S S P U R N
T E B A D O P E X I N G H X M H E
N V E T E E M J L L E U Q R E A H
E Z M H E O M A C L O J T C X M O
D T J L I R N O D Y T P V Q T I F
I B A W N B R T N D L H K S R R D
F E E R E X E A O I Q H A V A G P
N H H Q E N B U N L U V G K V T O
O G X B K B N C P E O M E R A L R
C Z W Y P C Z P O U A G G G G G Q D
K A E H E F M R R L W N I N A E M
N C T S E U X E K G V R G S N Y R
Q S J Y F L B O A E C P Y K T B A
V U D T V I H I V T X Z J P A L E
E L O R V Q G Q B O D F L C J U T
I Q O T T N E M I L P M O C T R U
L L A K E H X K L H U X S B D T N
A Q P K A H D N N H K N F H I P Y
```

ALL
AMOUNT
AMPLE
BERATE
BLURT
COMPLIMENT
CONFIDENT
EXTRAVAGANT
GRIM

IDYLLIC
IMP
KEEN
OUNCES
PALAEONTOLOGIST
PALE
PANDEMONIUM
QUELL
QUOTE

RAKE
SAVOUR
SPURN
SUBTERRANEAN
VEIL
WAN

# Crossagram Puzzle Number 15

**Across**

2 Anti-regalia (11)

4 Pat (3)

5 Pea (3)

12 Lamas in (7)

13 Mind-force (9)

14 Seminar (7)

15 Mental (6)

17 Resign (6)

19 Gab (3)

20 Mastering (9)

23 Map (3)

25 Stable (6)

28 Tirades (7)

29 Baste (5)

30 Nearest (7)

**Down**

1 Is ABC (5)

3 Ear (3)

6 Piston (6)

7 Maids nod (8)

8 Saint (5)

9 Pass (4)

10 General (7)

11 Per Rome (7)

12 In trades so (10)

16 Bade (4)

18 Feel, Sam! (7)

21 Bombed (6)

22 Agrees (6)

24 Deal (4)

26 Arts (4)

27 Link (4)

# Codeword Puzzle Number 16

| 1 | 2 | 3 D | 4 | 5 | 6 | 7 | 8 | 9 | 10 | 11 N | 12 | 13 |
|---|---|---|---|---|---|---|---|---|----|-----|----|----|
| 14 | 15 | 16 | 17 | 18 | 19 | 20 | 21 | 22 | 23 | 24 | 25 | 26 |

**4 letter words**

DEED
DENY
DUSK
HOAX
LIMB
NEAT
QUIP
VEIL

**6 letter words**

ARDENT
BEAKER
BERATE
DEVOUR
ENTIRE
FORBID
GLOWER
HOSTEL
JAGGED
LATTER
QUENCH

RECALL
REPENT
SENTRY
SODDEN
ZEALOT

**7 letter words**

ASUNDER
AUDIBLE
AVERAGE
CONCEDE
ELEGANT

EMBRACE
INTENSE
ISOLATE
ONEROUS
PROLONG
REFRAIN
REPULSE
RIVETED
SULLIED

# Word Ladder Puzzle Number 17

| W | O | R | D |
|---|---|---|---|
| 3. | | | |
| 2. | | | |
| 1. | | | |
| S | I | Z | E |

## Clues:

1. Male parent of an animal
2. Thin, flexible metal
3. Past tense of wear

# Word Search Puzzle Number 18

```
W I B I W U E D I P L O M A T I C
Y A E P Q Q R R Q V D Z W S A V Z
R F Y L K E V O N E L T A S W P V
Z U G E R A R M J N D D E T H R B
G P S L L X G O N D P I D O Z O N
S E M F L D D B F E A E H B Z O R
U R Y R A R O P M E T N O C K C I
U I Y Z V H Y C S N A S J G O T Y
P D U P E H T A I O T S A V R I B
O X N R T S T O L P L E R P V A L
S X G E G W P U V E R N X A G O O
Z S N R G P E U E E Z S Z L V U Z
M F E O A O T T Z L R U E L N I D
S R D S A C T L Q J S O L U P H D
S A I L S M E I F F R I Y R S I Y
J D T J L A I W A A O C J E I E J
M K X C H R X D R T K S Q K G P T
P A L J S H U H U E E N U R Q X M
N M I S C E L L A N E O U S C C K
P V X M J R S J S N S C A Y T W J
```

| | | |
|---|---|---|
| ALLURE | DISAPPOINTED | SEEK |
| AMID | DUPE | SLEET |
| ASSESS | ELF | SLEUTH |
| AVID | FATE | TOIL |
| CHIDE | FORE | URGE |
| CONSCIOUSNESS | GRACE | VAST |
| CONTEMPORARY | MAIM | |
| DIPLOMATIC | MISCELLANEOUS | |
| DIRE | NEGOTIATE | |

# Word Search Puzzle Number 19

```
W G O T H O A X N A O M T M M E K
L R U F N U H N R X N L O Q R F K
I E E T E E M Q O T R U W O I E J
D X R X V U N P N X W H Q K G H P
P T F R Z R H I I V Z W H D T A N
R O L I O K P F M R J O L A F X E
C R A C T R A N T O E R O O B J B
E T C D Z F U X F D R L S L E Z H
Q I T O H R U V N J L P Z R V M Z
C O A E N X E L A U Z T E T U K Y
J N V R F C C O C O F V V K Y E J
V A J X S K E L D V E W R K B I Z
M T S V F P R N M S Y B E A F P Q
K E P O A A V O T U Y P S C L Z J
I J N E R R A B Z R X E E J E B L
R H M N V R H O E C A E R H B Q S
T G B O W H O L L Y F T M M H R S
W D Z M J A M W I E W M E H B A U
X L O F U P D M T P Z M M D Z I C
X H G L A N O I T N E V N O C D E
```

| | | |
|---|---|---|
| AID | HOAX | SEVERE |
| BARREN | HUE | SOFA |
| CALF | LOATH | SORROW |
| CONCENTRATED | MINOR | UMPIRE |
| CONVENTIONAL | MOAN | UNFURL |
| DAWN | PERM | WHOLLY |
| ERROR | PROMINENT | |
| EXTORTIONATE | RANT | |
| FITFUL | RESERVE | |

# Crossagram Puzzle Number 20

## Across

**5** Tears (5)

**7** Spoilt mad (9)

**8** Nears (5)

**9** Pits (4)

**10** I'm nary licit (11)

**14** AND, idiot! (8)

**16** Run (3)

**17** Dad (3)

**20** Spa (3)

**23** Star (4)

**24** Recounts (8)

**25** Repaint (7)

**27** Tab (3)

**28** Tang, I veer it (11)

## Down

**1** Diet (4)

**2** Sale (4)

**3** Nit in temper (11)

**4** Meats (5)

**5** Eat (3)

**6** Insult (6)

**11** Cares (5)

**12** Yaw (3)

**13** Insecure? (8)

**15** Pin (3)

**18** Secret ID (8)

**19** Article (7)

**21** Reprint (7)

**22** Priest (6)

**26** Pit (3)

# Nine-Letter Word Puzzle Number 21

Can you create four nine-letter words using all twelve listed letter groups shown below (without changing the order of each letter group)? Enter the four nine-letter words into the grid above in the correct order so that the four shaded boxes spell out a word meaning 'public space'.

AMB    OPE

GLE    PER

KEY    REC

ISC    STR

NCE    TAN

OKE    ULA

# Word Search Puzzle Number 22

```
D W I Q C Y D M G B R A S H A U U
N D S C R P J E L N T P C R R O C
E X O P L U M M E T B E R O Q N E
M R L M X S G B B N P Z F H P Z E
A I A N K E T A N O I T C E F F A
V G T T U G G R M D T H P C S E S
W T E J T E L R A C S B W C C U H
F W Z Y A L L A L Y N J S A O I E
T Y V O C V V S Q C W U M I C R A
C S E N T R Y S A N R Q D O E B X
B R H K O V D B E V B E I G W M O
Q Q R A I N N S E M T V S K Q L A
W B M P C U T I Y F O N H W F L S
M I T K D J L J U C K V Z L F A I
H Q T B M L P D E R Z K F J F C S
P A U T A U G A K S E V U H T E D
Y Y R N Y T S I T N O D O H T R O
I E C A X E F T U A E C O D A E C
Q E B A S Q D Y E E D R O H N Q L
M Y T Q T S C A S R O Y S R N S Q
```

AFFECTIONATE
ALLAY
AMEND
BRASH
CEASE
DATA
EMBARRASS
HARASS
HORDE

ISOLATE
MUSTER
OASIS
ORTHODONTIST
PLUMMET
RECALL
ROAM
SCARLET
SENTRY

SHARD
STRAY
SURVEILLANCE
TEDIOUS
WHINE
WITTY

# Word Ladder Puzzle Number 23

| C | O | L | D |
|---|---|---|---|
| 3. | | | |
| 2. | | | |
| 1. | | | |
| W | A | R | M |

**Clues:**

1.  **Hospital room**
2.  **Piece of stiff paper**
3.  **Thin piece of rope**

# Crossagram Puzzle Number 24

## Across

**1** Ugh (3)
**3** Ape (3)
**5** I do my lap (8)
**7** Brush (5)
**10** Fat (3)
**11** Ingrate one (10)
**13** Tow (3)
**14** Reviews (7)
**15** Leap (4)
**17** Stained (7)
**18** Spark (5)
**20** Car (3)
**22** Battle (6)
**25** Spar (4)
**27** Ten (3)
**28** Turns (5)
**29** Leading (7)

## Down

**1** Ash (3)
**2** Man's crisis (10)
**4** Cautioned (9)
**5** Verbose (7)
**6** Apace, I'm Dr (9)
**8** Hire (4)
**9** Pertains (8)
**12** Invest large (11)
**16** Grease (6)
**18** Repaid (6)
**19** Was (3)
**21** Uses (4)
**23** Best (4)
**24** Are (3)
**26** Lap (3)

# Codeword Puzzle Number 25

| 20 | 8 | 11 | 6 | | 20 | 4 | 21 | 26 | | 6 | 16 | 5 | 6 | 23 |
| 11 | | 8 | | 14 | | 17 | | 22 | | 16 | | 6 | | 8 |
| 25 | 6 | 22 | 8 | 9 | 8 | 20 | 24 | 6 | | 11 | 1 | 25 | 14 | 22 |
| 6 | | 8 | | 8 | | 6 | | 9 | | 6 | | 3 | | 8 |
| 11 | 6 | 18 | 8 | 4 | 14 | 20 | | 18 | 4 | 25 | 22 | 26 | 9 | 11 |
| 24 | | | | 9 | | 20 | | | | 8 | | 20 | | |
| 1 | 26 | 8 | 23 | | 21 | 8 | 26 | 20 | 24 | 4 | | 8 | 25 | 6 |
| 6 | | 9 | | 4 | | 3 | | 26 | | 25 | | 3 | | 16 |
| 18 | 4 | 9 | | 17 | 23 | 6 | 26 | 25 | 2 | | 9 | 6 | 26 | 11 |
| | | 4 | | 20 | | | | 24 | | 22 | | | | 25 |
| 18 | 6 | 3 | 8 | 4 | 14 | 20 | | 26 | 3 | 6 | 25 | 26 | 7 | 6 |
| 6 | | 26 | | 23 | | 1 | | 20 | | 26 | | 23 | | 22 |
| 23 | 8 | 11 | 1 | 6 | | 26 | 11 | 11 | 6 | 9 | 11 | 8 | 3 | 6 |
| 3 | | 4 | | 11 | | 25 | | 8 | | 11 | | 17 | | 23 |
| 6 | 6 | 25 | 8 | 6 | | 18 | 4 | 24 | 19 | | 10 | 8 | 25 | 2 |

| 1 | 2 | 3 | 4 | 5 | 6 | 7 | 8 | 9 | 10 | 11 | 12 | 13 |
|---|---|---|---|---|---|---|---|---|----|----|----|----|
| 14 | 15 | 16 | 17 | 18 | 19 **K** | 20 **S** | 21 | 22 | 23 | 24 | 25 | 26 |

**3 letter words**
DON
IRE

**4 letter words**
DOCK
HAIL
NEAT
SITE
SOFA
WIRY

**5 letter words**
ALIBI
AMEND
DELVE
EERIE

EXPEL
LIMIT
LITHE
MEANT
SHARD
THRUM
TIMID
UNION

**6 letter words**
BLEARY
FIASCO

**7 letter words**
AVERAGE
DEVIOUS
DORMANT

TEDIOUS

**8 letter words**
EXTERIOR
OBSOLETE

**9 letter words**
ATTENTIVE
EXTREMELY
INNOVATOR
OBSESSIVE
PERVASIVE
REMINISCE
SARCASTIC
STRETCHED

# Word Search Puzzle Number 26

```
M W E A Z Y Z B F Y M A Z Q H A Q
X K P Y F O R T U I T O U S N R W
V V Q P C O T I T R I B W X C X C
E F L F R O N L Q G R D I I D Y E
D O L C F E U D Q U E E A J L R V
Y E D F F X V Q U M T X T P E N I
Q L J O I H Z O V Y X P J J U F S
E W H V X D R Q H D M E B L E A N
X F S L E L B A L O S N O C N I E
C O N T R O V E R S Y S I J M P H
D J N I E J V M E C R E M Q P P E
T E O E D R B D U N E D U X J O R
X J S L A Y N C E E T L M P J F P
Y M Q D R U A L U T L E R B K R P
H E N N G B R X Q I A E U X V B A
A E E I E A I Q S N F U Q C W F G
V C S W D E S Y A U F D I T H E R
E M U D A L C K T E G K W U Z G L
N J X P P O E E G R E C E I V E Y
E C L D E T E R I O R A T E M T P
```

| | | |
|---|---|---|
| ANXIETY | FOND | QUEUE |
| APPREHENSIVE | FORTUITOUS | RECEIVE |
| CONTROVERSY | HAVEN | REFUTE |
| DEGRADE | HOVER | REUNITE |
| DETERIORATE | IDLE | STERN |
| DITHER | INCONSOLABLE | TIRE |
| DWINDLE | INEPT | |
| EXPENSE | LEAN | |
| FALTER | PLOY | |

# Tricky Definitions Puzzle Number 27

Which is the correct meaning of each word?

### SCACCHIC

A. Serrated fork
B. Dancer's shoe
C. Relating to chess

### SCARUS

A. Weapon
B. Parrotfish
C. Medal

### SCARPER

A. Cleaning implement
B. Rock-climbing shoe
C. Run away

### SCAFFY

A. Daft
B. Ship's cargo
C. Street sweeper

### SCANDENT

A. Having a climbing habit
B. Rarely seen
C. Spread about

### SCABBLE

A. Talk endlessly
B. Shape roughly
C. Look around

# Codeword Puzzle Number 28

| 1 | 2 | 3 | 4 | 5 | 6 | 7 | 8 | 9 | 10 | 11 | 12 H | 13 |
|---|---|---|---|---|---|---|---|---|----|----|------|----|
| 14 | 15 | 16 | 17 C | 18 | 19 | 20 | 21 | 22 | 23 | 24 | 25 | 26 |

**4 letter words**
APEX
AVOW
ISLE
NEAT
PLOY
RIFT
SEEK
SOFA

**6 letter words**
DIVINE
FORBID
LOATHE
MERELY
NAUSEA
ODIOUS
OUNCES
PALLOR
RAMBLE
REFUTE
SALLOW

SEVERE
SLIVER
THRONE
TREATY
WARREN

**7 letter words**
ABSENCE
DESPITE
DEVELOP
EMBRACE
FRAGILE

FURTIVE
OMINOUS
REFRAIN
RIVETED
SCARLET
SINCERE
TRAITOR
TRIVIAL
VALIANT

# Word Search Puzzle Number 29

```
Z R E P P I Z Z O P N Z O I E X N
E X D R M C B Z D I M M H R T I Y
E R F O U L W O K A G L U E C B Q
D E L U O C M A N A H T V T K D M
M I L X P I D X U S X F M M H W C
B R E E U Q I G L E Q W W P V K I
I M P S V O E Z T C M P I X E V L
V F V L U A J C H N J D V L A Q H
U S Y S I L T F M E H O L J T E Q
F P T D E E T E T S E T N O C E K
H E D A L G P X R B D Z I T W K D
N C A L M A N G O A N X I P C S P
L T Z R W C Y D Q V E C K D O F D
Y A I H N Y B D U W I L L O W Y E
K T V S I E N M Z G R M A R I N B
P O D Y C A S S I R F N T B E A I
H R U C H L P T H X A H K L U I H
P D K I W E Q O E B B E L I E V E
V A G Q G R Z Y R E B L O S D F S
F N L L M T A U N T G G R T K A P
```

| | | |
|---|---|---|
| ABSENCE | FRIEND | TAUNT |
| AKIN | GAUGE | TEXTURE |
| ALERT | GLADE | URBAN |
| ANXIOUS | HECTIC | WILLOWY |
| BELIEVE | LEGACY | WILTED |
| CONTEST | PORT | ZIPPER |
| EARNEST | QUEER | |
| ELEVATE | SNOB | |
| FOUL | SPECTATOR | |

# Crossagram Puzzle Number 30

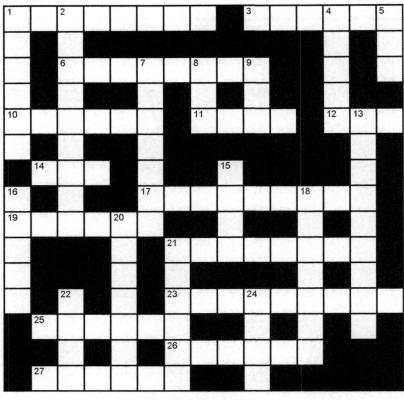

**Across**

1 Painters (8)
3 Farmed (6)
6 Outlooks (8)
10 Stride (6)
11 Posh (4)
12 Hay (3)
14 Eat (3)
17 I gape nose (9)
19 Namely (6)
21 Evil turn (8)

23 Auctioned (9)
25 Warder (6)
26 Veined (6)
27 Neared (6)

**Down**

1 Decree (6)
2 Imply star (9)
4 Me cry (5)
5 Add (3)
7 Thicken (7)

8 Hug (3)
9 Spa (3)
13 In fact, foe (9)
15 Ripe (4)
16 Pleat (5)
18 Related (7)
20 Gleaner (7)
21 Review (6)
22 Knee (4)
24 Itch (4)

# Codeword Puzzle Number 31

| 1 | 2 | 3 | 4 | 5 | 6 | 7 | 8 | 9 | 10 | 11 | 12 | 13 |
|---|---|---|---|---|---|---|---|---|----|----|----|----|
| 14 | 15 | 16 | 17 | 18 I | 19 | 20 | 21 | 22 | 23 G | 24 | 25 | 26 |

**4 letter words**
AEON
APEX
BECK
LIMB
MERE
RUSE
THEY
VEIL

**6 letter words**
BERATE
BROACH
FELINE
FRIEND

HAMPER
LAMENT
LATTER
LUSTRE
MALICE
MERELY
NAUSEA
OUNCES
PROFIT
SAVOUR
SUBMIT
TENDON

**7 letter words**
ARDUOUS

AUDIBLE
CHERISH
COLLEGE
CONCEDE
DIGNITY
ELEGANT
FRETFUL
FURIOUS
ISOLATE
RESOLVE
TEDIOUS
TEXTURE
UTENSIL

# Crossagram Puzzle Number 32

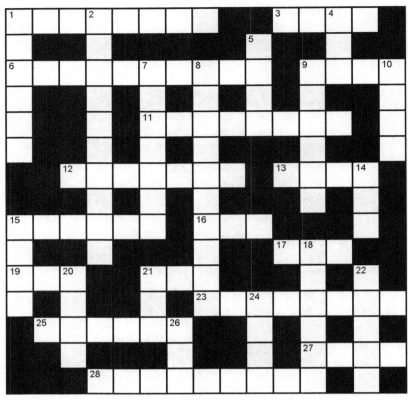

## Across

**1** Pure cash (8)

**3** Wasp (4)

**6** He crops sin (10)

**9** Hose (4)

**11** As pirate (8)

**12** Charmer (7)

**13** East (4)

**15** Tassel (6)

**16** Won (3)

**17** Tub (3)

**19** Tea (3)

**21** Era (3)

**23** Organist (8)

**25** Proton (6)

**27** Live (4)

**28** Education (9)

## Down

**1** Repack (6)

**2** A cosmo-nuts (10)

**4** How (3)

**5** Pots (4)

**7** Packers (7)

**8** Where spoor (10)

**9** Dr. Hate (6)

**10** Boss (4)

**14** Bat (3)

**15** Taps (4)

**18** United (6)

**20** Eras (4)

**21** Tan (3)

**22** Nails (5)

**24** Mane (4)

**26** Top (3)

# Word Ladder Puzzle Number 33

| T | O | W | N |
|---|---|---|---|
| 7. | | | |
| 6. | | | |
| 5. | | | |
| 4. | | | |
| 3. | | | |
| 2. | | | |
| 1. | | | |
| C | I | T | Y |

## Clues:

1. To reference
2. A place
3. Rests
4. Evil actions
5. Male heirs
6. A large amount
7. Pulls behind

# Word Search Puzzle Number 34

```
L D G E N C R C H C E P H T Y P G
H V V D R I N E D I B L E V L J O
E S M E U U T G I S Z M N F J E H
O Y V I Z B D A O N S E A Y V O M
P R P Q W E M N S X N W B I F J P
R S L Z C F E E E A O J S A E W F
J P M L T X G Y J R A U M B R N Y
U E Y T P I C T H H L I V I O B T
G C W J E X X H U E N O B L C F J
F I U B R M K G B E L B P H Q N Z
H A A Q P O M U Y H M M L U T V H
R L G F E E K O A U S Y E L P B T
I E W L T E W R J H A W A E O N E
F H R L U N E D U G C A Z K E Z D
A O C C A X A D S R R E A C X T I
O U I A L F R H X A A Q A E Y V S
L J J L L E Y X M N S J C P H B E
Q F U M Y D U Y R D D R N S W P R
F M G U T Y L E T A I D E M M I B
W E X P L A N A T I O N Z H H D R
```

| ADJACENT | EXPLANATION | SARCASM |
| AEON | FAMINE | SATIN |
| BEIGE | FOIL | SPECIAL |
| CALM | GRAND | SPECK |
| CORE | IMMEDIATELY | WEARY |
| DROUGHT | INEDIBLE | YELP |
| ELUSIVE | MULL | |
| ENDURE | PERPETUALLY | |
| ENVY | RESIDE | |

# Word Ladder Puzzle Number 35

| F | I | R | E |
|---|---|---|---|
| 1. | | | |
| 2. | | | |
| 3. | | | |
| 4. | | | |
| 5. | | | |
| 6. | | | |
| 7. | | | |
| H | E | A | T |

## Clues:

1. Charge to travel
2. Rabbit-like animal
3. Healthy and strong
4. Stop
5. Sprouted barley
6. To dissolve
7. Chicken or beef eg.

# Codeword Puzzle Number 36

| 1 | 2 | 3 D | 4 | 5 | 6 | 7 | 8 | 9 | 10 | 11 | 12 | 13 |
|---|---|---|---|---|---|---|---|---|----|----|----|----|
| 14 | 15 | 16 | 17 | 18 | 19 | 20 | 21 | 22 | 23 | 24 | 25 | 26 T |

**4 letter words**

DAUB
DENY
DUMB
HOAX
ISLE
PITY
SEEK
THEY

**6 letter words**

ACROSS
ASSIST
BITTER
DEVOTE
HARASS
ODIOUS
OPAQUE
REFUSE
REPENT
RESIGN
RESORT

SAVOUR
SCARCE
SENTRY
VULGAR
YONDER

**7 letter words**

AFFABLE
ASUNDER
AVERAGE
CREVICE
ECLIPSE

ELEVATE
IMITATE
MELODIC
PIGMENT
SAUNTER
SCHOLAR
SUBSIDE
TEDIOUS
TORMENT

# Word Search Puzzle Number 37

```
M I H W F A L B E P E D U W O W D
X Y Q U S A L L O W D S U C R I D
I M M N H O A S H F J G U B E A E
X V A G A E B Q U Q M O I M Z I L
V U B T D N D D R B D Z B L C A F
C B U R Y H O B E I M Z I Y I X I
D P O M J A R G G P Y I B R L S T
A U T N S S R A M O I R T K O C S
T D F T U W A O L T H C N U H C U
I L E J J N E U W H J W T U C Z Y
O X V T E A Z C S D E K C W N T N
B V C L N M A I E T X A J Q A E Z
L T H R H I V P E F E K O X L D T
R E W O C A A K W E G R U O E I I
L E P O L S K U Z S R H E V M W B
C S S E R P P O Q B I P R I J P A
X R I O R E I T I C M H L J A R H
E R J G M H H I U R A N F B D T N
S E C H N O S M I R C E X B P B I
N C X E E O W W O S E Y P U M A C
```

| | | |
|---|---|---|
| ACQUAINTED | INHABIT | SALLOW |
| AUSTERE | LAIR | SLOPE |
| BLOAT | LAVISH | STIFLE |
| COWER | LIMIT | SUBMIT |
| CRIMSON | MELANCHOLIC | WHIM |
| DEPICT | MUSE | ZERO |
| DUB | OPPRESS | |
| GRIMACE | ORDEAL | |
| HUNCH | REPEL | |

# Codeword Puzzle Number 38

| | 9 | 10 | 22 | 22 | 18 | 3 | | 4 | 25 | 24 | 26 | 17 | 12 | |
| 4 | | 3 | | 10 | | 24 | | 12 | | 22 | | 5 | | 19 |
| 10 | 2 | 3 | 18 | 1 | 22 | 24 | | 10 | 14 | 10 | 26 | 24 | 2 | 5 |
| 17 | | 5 | | 19 | | 3 | | 14 | | 26 | | 7 | | 3 |
| 5 | 2 | 24 | 13 | 2 | 22 | | 3 | | 3 | 24 | 7 | 18 | 17 | 24 |
| 24 | | 4 | | 5 | 18 | 7 | 24 | 26 | 24 | 3 | | 17 | | 10 |
| 3 | 19 | 4 | 24 | | 1 | | 9 | | 7 | | 7 | 24 | 18 | 22 |
| | | | | 14 | 24 | 22 | 19 | 3 | 18 | 17 | | | | |
| 1 | 10 | 18 | 26 | | 5 | | 4 | | 19 | | 3 | 10 | 2 | 1 |
| 24 | | 11 | | 14 | 10 | 8 | 18 | 14 | 2 | 14 | | 5 | | 10 |
| 12 | 19 | 4 | 26 | 24 | 22 | | 26 | | 4 | 19 | 3 | 3 | 24 | 11 |
| 24 | | 9 | | 10 | | 2 | | 13 | | 3 | | 2 | | 18 |
| 4 | 11 | 18 | 23 | 23 | 24 | 5 | | 19 | 11 | 24 | 5 | 19 | 2 | 4 |
| 26 | | 5 | | 5 | | 23 | | 11 | | 4 | | 2 | | 12 |
| | 4 | 24 | 7 | 24 | 5 | 24 | | 3 | 24 | 26 | 24 | 4 | 26 | |

| 1 | 2 | 3 | 4 | 5 R | 6 | 7 | 8 | 9 | 10 | 11 | 12 | 13 |
|---|---|---|---|---|---|---|---|---|---|---|---|---|
| 14 | 15 | 16 | 17 | 18 | 19 O | 20 | 21 | 22 | 23 | 24 | 25 | 26 |

**4 letter words**
BAIT
DAUB
DEED
DOSE
FOND
SHAM
URGE
VEIL

**6 letter words**
BANISH
BEHEST
DETEST
DEVICE
ELATED
HOSTEL
LABOUR
MEAGRE
MODEST
ORDEAL
PALLID

RUEFUL
SACRED
SEVERE
SKETCH
SODDEN

**7 letter words**
ADDRESS
AMATEUR
ARDUOUS
AUDIBLE
CREVICE

DEPOSIT
DEVIOUS
INSPIRE
LIBERAL
MAXIMUM
MELODIC
ONEROUS
RIVETED
SNIGGER

# Crossagram Puzzle Number 39

**Across**

**2** Gulp (4)
**5** The care (7)
**7** Dah (3)
**9** Earned (6)
**10** Earner (6)
**11** Reserved (8)
**12** I stern cop (9)
**14** Later (5)
**15** Did a sin? (7)
**19** Leaps (5)
**21** Nice, sure (8)
**24** Edit (4)
**26** Tar (3)
**28** Nameless (8)
**29** Melts (5)

**Down**

**1** Terrain (7)
**2** Serpents (8)
**3** Ire and blues (11)
**4** Raw (3)
**6** Pro in court (10)
**7** Hatreds (7)
**8** Detains (7)
**13** Sprite (6)
**16** Dice (4)
**17** Odes (4)
**18** Flues (5)
**20** Pots (4)
**22** Times (5)
**23** Snare (5)
**25** Lied (4)
**27** Ram (3)

# Word Search Puzzle Number 40

```
X Z T D Z A X H I X B X D E U Z E
Q V A P P R E H E N S I O N P W T
P L E R O R U F Y C P G Z Z T F J
C S V H M V I S H A B A R O L D B
I O D Y X M B O R U B X K Y S E B
A X O M M U L F C H Z U K O Q H H
Z U P U E A O A W L D J Z B E J T
D D W R R O X Z H R I J Y K C L G
T E X M E H H L E L B I D U A N I
N T P T C V X S G X E Q C H L W B
S E P I Z T A H C T K I P Y O X C
V V V B S T G I O P C J N E S Q I
L I Y E G F V A L W F I S Q Q C M
L R T L M E G Z D D E U L A R H M
K E A I L L L U F T R A X E K Q E
D A C G H R X S X D W T S W R S H
E I E A L A N S A V P O T G N E D
E X E P A U T O H H R C O E B F D
H I E N Z R V H V T C S D D V U N
Q I L A N S U O V E I H C S I M A
```

| | | |
|---|---|---|
| AGILE | FLUMMOX | RESORT |
| APEX | FURORE | RIVETED |
| APPREHENSION | HALT | RUSE |
| ARTFUL | HEED | SCHOLAR |
| CIVIL | INAUDIBLE | SOLACE |
| CLAD | MISCHIEVOUS | VULGAR |
| DENSE | PEAK | |
| DERELICT | PREVAIL | |
| DETEST | RAPID | |

# Codeword Puzzle Number 41

| 1 | 2 | 3 | 4 | 5 | 6 | 7 | 8 | 9 | 10 | 11 | 12 | 13 |
|---|---|---|---|---|---|---|---|---|----|----|----|----|
| 14 M | 15 | 16 | 17 | 18 | 19 | 20 | 21 | 22 | 23 G | 24 | 25 | 26 |

**4 letter words**
DEED
DENY
DUTY
MEEK
MOAN
TEND
VEIL
YELP

**6 letter words**
ACROSS
DECEIT
DISMAL
DITHER

DRUDGE
EMERGE
MODEST
OFFEND
POLITE
REPENT
REVEAL
SELDOM
SIMPER
SOLACE
STURDY
VESSEL

**7 letter words**
ANCIENT

APPROVE
ASUNDER
DEFLATE
EARNEST
ECLIPSE
ELEGANT
ELEVATE
EXPENSE
EXTRACT
FORTUNE
PROLONG
SCATTER
STEEPLE

# Word Search Puzzle Number 42

```
I Q P O U L T R Y I R B P T I X F
N D O A S D S W Y U U E M C U K C
P Q T C A F H P A K J W T A V C U
S U O L U C I D I R P B W T G A W
M W R R I T Z X R P R L X A A Y L
L W S M N E S T S Y Y E A S H L B
S I M U C Q T A P C V Y N T K E E
E U A N O T U A T I E C U R F U G
L L O T L I R R L I I G I O H G L
F J J I B T D U E X F I O P F A E
B F A D C V Y O O C Q T D H H V R
S U B S T A N T I A L R O I T D U
Q I P E K P N T U V E E H C A E T
F B N M V E P E Y L W V J Z E D A
L C I A W A W O T P T I T F N B R
U S B C F F U E T F U D C I H N E
T P F P U W O S I R M Y A K Y L P
T Z Z A L A C A S I U G G U H O M
E V H I Q K L R F X G Z V C M X E
R B C L A T X E G E L L O C R M T
```

| | | |
|---|---|---|
| ASKEW | LATTER | SUBSTANTIAL |
| CATASTROPHIC | NEAT | TEMPERATURE |
| COLLEGE | ODIOUS | TENACIOUS |
| DIVERT | PAIL | TOXIC |
| ERASE | POULTRY | VAGUELY |
| FACT | RIDICULOUS | WARREN |
| FLAUNT | SCOWL | |
| FLUTTER | STURDY | |
| GAIN | SUAVE | |

# Codeword Puzzle Number 43

| 1 | 2 | 3 | 4 | 5 P | 6 | 7 | 8 | 9 | 10 | 11 | 12 | 13 |
|---|---|---|---|---|---|---|---|---|---|---|---|---|
| 14 | 15 | 16 | 17 | 18 | 19 | 20 | 21 | 22 | 23 | 24 | 25 R | 26 | |

**3 letter words**
IRE
RIM

**4 letter words**
DEED
DOCK
EMIT
HIND
NEAT
WIRY

**5 letter words**
AGILE
ALIBI
DELVE
DONOR

EERIE
ELECT
ERECT
IRATE
MATTE
MEANT
SHARD
STOOP

**6 letter words**
ENTIRE
NAUSEA

**7 letter words**
ADDRESS
AVERAGE
ELEVATE

PITEOUS

**8 letter words**
MEDIEVAL
VEHEMENT

**9 letter words**
ATTENTIVE
DISAPPEAR
EXTREMELY
IMMEDIATE
INCESSANT
SARCASTIC
SCEPTICAL
TENTATIVE

# Crossagram Puzzle Number 44

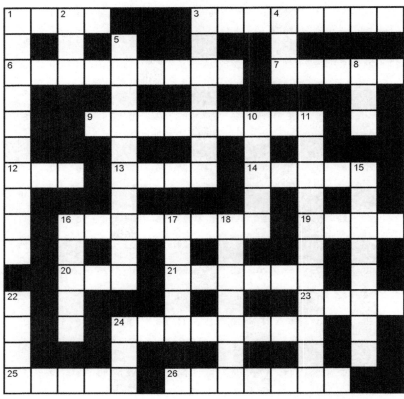

## Across

- **1** Mood (4)
- **3** Act by ire (8)
- **6** Grip on sea (9)
- **7** Spate (5)
- **9** Ain't facts (9)
- **12** Own (3)
- **13** Kins (4)
- **14** O, dear! (5)
- **16** Sea print (8)
- **19** Goes (4)
- **20** Arm (3)
- **21** Strait (6)
- **23** Nose (4)
- **24** Teardrop (8)
- **25** Tutor (5)
- **26** Antlers (7)

## Down

- **1** Introduces (10)
- **2** Now (3)
- **3** Away, sir! (7)
- **4** Per (3)
- **5** Fit maniacs (10)
- **8** Apt (3)
- **10** Smart (5)
- **11** Cell-shooter (11)
- **15** O, me, again! (8)
- **16** Poser (5)
- **17** Tread (5)
- **18** Trainer (7)
- **22** Mats (4)
- **24** Top (3)

# Word Ladder Puzzle Number 45

| T | R | E | E | S |
|---|---|---|---|---|
| 6. | | | | |
| 5. | | | | |
| 4. | | | | |
| 3. | | | | |
| 2. | | | | |
| 1. | | | | |
| S | T | U | M | P |

## Clues:

1. **Fall heavily**
2. **Squalid districts**
3. **Violent movements**
4. **Ducts for smoke**
5. **Runs away**
6. **Releases**

# Word Search Puzzle Number 46

```
T C Q N O I T A N I B M O C E Z T
C C P Y A R J T K C H X G L C Q J
N W D D P E E T A L P M E T N O C
P I E T O B C I E H V U M M I Z L
J P S E D X O R D A O R B G W L I
T M P P O I N E F N N S R X P T Q
T O E U D Y T I N U T R O P P O U
B Y R B G X E H X U T S T E E P A
N I A T E R N P P N A G U K P O S
T C T C H G T J A R H C B U S U H
R L E O H F I P R O L I S N E T U
V A L E M T I V B Y L N L W R B P
N U Y T A C B T F R V D Q I I X I
D T A M I V F Y K B O N L Q N Q B
X U T T F S O K N R G L U O H U O
R M R Q N W D I H N A I Z T E Q T
A A R F D A R U D E T W S Z R C G
P R P L R L E W Z O G P K H I Z J
B E I Z Y Z Y M U M C U Z C T S O
S R N Y G L C S D A N L P H A Z E
```

| | | |
|---|---|---|
| ADEPT | HAZE | STEEP |
| ATTIRE | INHERIT | TRILL |
| AVOID | MEANT | UBIQUITOUS |
| BROAD | MUTUAL | UTENSIL |
| COMBINATION | OPPORTUNITY | WINCE |
| CONTEMPLATE | PARTICIPANT | YACHT |
| CONTENT | POUT | |
| DESPERATELY | QUASH | |
| DODGE | RETAIN | |

# Word Search Puzzle Number 47

```
U V K E K L E Z D R O M E R T D O
S W C T S B D Q M W N I X I N I C
A C V B C O U N T E N A N C E A H
B R D K F U B R G N I L I A T P O
F U M B B T I I D P L U N D E R H
Z O L U J S O R D E I X S B P Q C
S N P L Y T U W O I N T P H M G K
D O E O C A S D H U W C I X O C Z
Q H H F M N O Q A C O C R I C R E
M T A K U D O S M M R Z E D N S L
S S T P C I V H P B G X Y I I A B
G U L X E N O O B M Y O W O B J E
L O E P U G S K V E X R O S O L E
E E U Y C I G J O J E I U Y N S F
L S V W T L V S Q Z R R N N D I Z
C U T I M E R B X E D E D C G S I
I A O B U H K Q P K G K V R C L G
T N L T Q W M Y W K A L Q A Z I S
R D L O B O I V E C W W N S U G K
A N H T V U Z Q N Z K T Y Y P Q Y
```

| | | |
|---|---|---|
| ABSURD | FEEBLE | PAID |
| AILING | GAWK | PLUNDER |
| ARTICLE | HONOUR | QUAVER |
| BOLD | IDIOSYNCRASY | SCANT |
| BURDEN | INCOMPETENT | TREMOR |
| COMPOSITION | INSPIRE | WOUND |
| COUNTENANCE | KUDOS | |
| DUBIOUS | NAUSEOUS | |
| EMIT | OUTSTANDING | |

# Missing Letters Puzzle Number 48

Can you complete each trio of words with a common letter?

The five letters that you use will form the name of a tall structure.

| | | | |
|---|---|---|---|
| TA_E | _ILL | ELO_E | P |
| B_TE | MAN_ | VIN_L | Y |
| _ASTED | FI_E | SPOO_ | L |
| P_LL | FL_W | GIBB_N | O |
| RAI_ | _EVER | CO_DOR | N |

# Codeword Puzzle Number 49

| 1 H | 2 | 3 | 4 | 5 | 6 E | 7 | 8 | 9 | 10 | 11 | 12 | 13 |
|---|---|---|---|---|---|---|---|---|---|---|---|---|
| 14 | 15 | 16 | 17 | 18 | 19 | 20 | 21 | 22 | 23 | 24 | 25 | 26 |

**3 letter words**
DON
IRE

**4 letter words**
DENY
DUTY
HOST
NEAT
SITE
WIRY

**5 letter words**
DENSE
ELECT
INEPT
MATTE
NAIVE

NOTED
REIGN
STOUT
TEPID
TIMID
UNION
YIELD

**6 letter words**
ENTIRE
PERMIT

**7 letter words**
DORMANT
INTENSE
RAIMENT
TEDIOUS

**8 letter words**
DEJECTED
MODERATE

**9 letter words**
EXTREMELY
INSISTENT
MERRIMENT
PREJUDICE
REMINISCE
SENTIMENT
STRETCHED
TENTATIVE

# Crossagram Puzzle Number 50

## Across

**1** Garb (4)
**6** Raising (7)
**7** Related (7)
**9** Discounter (10)
**12** Snow (4)
**13** Pantries (8)
**17** Layers (6)
**20** Keel (4)
**22** Pantries (8)
**24** Rates (5)
**25** Tea (3)
**26** Slew, eh? (6)
**27** Traits (6)
**29** Rests-mat (8)

## Down

**2** Luring (6)
**3** Dam (3)
**4** Flier (5)
**5** Our army (7)
**8** Escort (6)
**10** Scalp (5)
**11** Hustling (8)
**14** Sprite (6)
**15** Net (3)
**16** Slot (4)
**18** Please (6)
**19** Rats (4)
**21** Leek (4)
**23** Spread (6)
**26** Swing (5)
**27** Tens (4)
**28** Rare (4)

# Codeword Puzzle Number 51

| | | | | | | | | | | | | | | |
|---|---|---|---|---|---|---|---|---|---|---|---|---|---|---|
| 20 | 8 | 11 | 6 | ■ | 22 | 4 | 24 | 19 | ■ | 6 | 16 | 5 | 6 | 23 |
| 26 | ■ | 8 | ■ | 14 | ■ | 17 | ■ | 9 | ■ | 9 | ■ | 6 | ■ | 8 |
| 25 | 6 | 22 | 8 | 9 | 8 | 20 | 24 | 6 | ■ | 11 | 1 | 25 | 14 | 22 |
| 24 | ■ | 8 | ■ | 8 | ■ | 6 | ■ | 26 | ■ | 8 | ■ | 3 | ■ | 8 |
| 26 | 25 | 18 | 14 | 4 | 14 | 20 | ■ | 18 | 4 | 25 | 22 | 26 | 9 | 11 |
| 20 | ■ | ■ | ■ | 9 | ■ | 20 | ■ | ■ | ■ | 6 | ■ | 20 | ■ | ■ |
| 11 | 26 | 14 | 11 | ■ | 21 | 8 | 11 | 21 | 14 | 23 | ■ | 8 | 25 | 6 |
| 8 | ■ | 9 | ■ | 26 | ■ | 3 | ■ | 26 | ■ | 2 | ■ | 3 | ■ | 16 |
| 24 | 26 | 18 | ■ | 25 | 14 | 6 | 21 | 14 | 23 | ■ | 9 | 6 | 26 | 11 |
| ■ | ■ | 6 | ■ | 7 | ■ | ■ | ■ | 23 | ■ | 3 | ■ | ■ | ■ | 25 |
| 5 | 14 | 25 | 20 | 14 | 8 | 11 | ■ | 11 | 1 | 6 | 26 | 11 | 25 | 6 |
| 23 | ■ | 22 | ■ | 22 | ■ | 6 | ■ | 23 | ■ | 9 | ■ | 25 | ■ | 22 |
| 14 | 9 | 8 | 11 | 6 | ■ | 5 | 25 | 6 | 13 | 14 | 18 | 8 | 24 | 6 |
| 22 | ■ | 9 | ■ | 9 | ■ | 8 | ■ | 20 | ■ | 6 | ■ | 23 | ■ | 23 |
| 6 | 23 | 6 | 24 | 11 | ■ | 18 | 4 | 20 | 6 | ■ | 5 | 23 | 4 | 2 |

| 1 | 2 | 3 | 4 | 5 | 6 | 7 | 8 | 9 | 10 | 11 | 12 | 13 |
|---|---|---|---|---|---|---|---|---|---|---|---|---|
| | | | | | | | | | | T | | |
| 14 | 15 | 16 | 17 | 18 | 19 | 20 | 21 | 22 | 23 | 24 | 25 | 26 |
| | | | | | | | | | | C | | |

**3 letter words**
CAD
IRE

**4 letter words**
DOSE
MOCK
NEAT
PLOY
SITE
TAUT

**5 letter words**
ELECT
EXPEL
KNEAD
LIMIT
PLUME
TEPID
THRUM
TIMID
TRILL
UNION
UNITE
VENUE

**6 letter words**
FITFUL
RUEFUL

**7 letter words**
ARDUOUS
DORMANT
PURSUIT
THEATRE

**8 letter words**
ARGUMENT
ENTIRELY

**9 letter words**
EXTREMELY
FAULTLESS
OBSESSIVE
PERVASIVE
PREJUDICE
REMINISCE
SARCASTIC
UNDERMINE

# Word Search Puzzle Number 52

```
Y J T O E K T T W I R Y D M E O J
T A Z Q E V N D L W H I T T R S U
D I P E T J D M E I B K A T U U R
X B P K A U J F Z R H R S K I Q T
X R F E N C N M O U I E C M H I M
V J N G I E F F N N A K N O V E L
G G O E D D E K O M Q G G Y C O A
Q M F P R H T S P E O A O O Y K M
A Q W N O O I T R L N T N A R V O
T W A Z B N G W S E F O L I A O R
K K B L U Z G H C R M P R J M E A
H V I B S S A D N I O M Z H O L M
A L U P Z A O Z C S Q U I N T I G
S D J V R T Q A T L V P D C S G D
T L W B E J L P S E E E J P U A C
Y L B V W E O Q E S Q L L Q C R T
Y O Q W D N E W E R K W B E Q F R
B I E B E Q W A I O A S N A C B W
Q L X G L G L X W M S M G Z I T I
M I J S Y Z N V I M M R S K I L U
```

| | | |
|---|---|---|
| ANECDOTE | HILT | SQUINT |
| AROMA | IMMERSE | SUBORDINATE |
| CUSTOMARY | IRATE | TEPID |
| ECONOMICAL | LIABLE | THRONE |
| ELECT | LOYAL | UNISON |
| FEIGN | MAESTRO | WIRY |
| FORBID | MORSEL | |
| FRAGILE | NOVEL | |
| HASTY | POSTPONE | |

# Word Ladder Puzzle Number 53

| P | A | S | T | E |
|---|---|---|---|---|
| 4. | | | | |
| 3. | | | | |
| 2. | | | | |
| 1. | | | | |
| T | A | P | E | S |

## Clues:

1. Sleeveless cloaks
2. Containers
3. Sends off
4. Class or group of people

# Codeword Puzzle Number 54

| 20 | 9 | 4 | 17 | | 14 | 25 | 7 | 6 | | 11 | 6 | 5 | 8 | 18 |
| 5 | | 24 | | 19 | | 6 | | 25 | | 6 | | 6 | | 6 |
| 6 | 9 | 24 | 4 | 14 | 9 | 11 | 6 | 25 | | 22 | 4 | 25 | 26 | 23 |
| 24 | | 14 | | 18 | | 26 | | 4 | | 5 | | 3 | | 3 |
| 11 | 14 | 25 | 22 | 4 | 8 | 23 | | 25 | 6 | 23 | 6 | 26 | 20 | 6 |
| 26 | | | | 20 | | 8 | | | | 26 | | 20 | | |
| 11 | 8 | 25 | 6 | | 23 | 26 | 22 | 6 | 9 | 11 | | 8 | 25 | 6 |
| 4 | | 6 | | 26 | | 11 | | 15 | | 6 | | 3 | | 16 |
| 25 | 8 | 22 | | 25 | 14 | 6 | 21 | 14 | 23 | | 9 | 6 | 26 | 11 |
| | | 8 | | 7 | | | | 8 | | 25 | | | | 25 |
| 24 | 4 | 9 | 15 | 14 | 6 | 25 | | 5 | 25 | 4 | 21 | 14 | 20 | 6 |
| 6 | | 8 | | 22 | | 26 | | 22 | | 7 | | 9 | | 22 |
| 26 | 8 | 20 | 23 | 6 | | 5 | 25 | 6 | 13 | 14 | 18 | 8 | 24 | 6 |
| 20 | | 24 | | 9 | | 8 | | 9 | | 6 | | 4 | | 23 |
| 6 | 23 | 6 | 24 | 11 | | 18 | 14 | 11 | 2 | | 6 | 9 | 3 | 2 |

| 1 | 2 | 3 | 4 | 5 | 6 | 7 | 8 | 9 | 10 | 11 T | 12 | 13 |
|---|---|---|---|---|---|---|---|---|----|------|----|----|
| 14 | 15 | 16 | 17 | 18 | 19 | 20 | 21 | 22 | 23 L | 24 | 25 | 26 |

**3 letter words**
IRE
RIM

**4 letter words**
DUTY
ENVY
NEAT
SNOB
TIRE
URGE

**5 letter words**
AISLE
CEASE
DELVE
ELECT
ERROR
KUDOS
MORAL
OCCUR
RAPID
ROGUE
TEPID
UNION

**6 letter words**
LAMENT
RUEFUL

**7 letter words**
CONQUER
PROFUSE
RELEASE
TURMOIL

**8 letter words**
ARGUMENT
TEMPLATE

**9 letter words**
ENCOUNTER
EQUIPMENT
EXTREMELY
PERVASIVE
PREJUDICE
REMINISCE
RETALIATE
SPECTATOR

# Word Ladder Puzzle Number 55

| C | O | R | N |
|---|---|---|---|
| 9. | | | |
| 8. | | | |
| 7. | | | |
| 6. | | | |
| 5. | | | |
| 4. | | | |
| 3. | | | |
| 2. | | | |
| 1. | | | |
| H | U | S | K |

## Clues:

1. **Before sunset**
2. **Fine particles**
3. **Corroded iron**
4. **Relaxation**
5. **Nuisance**
6. **Synonym for neat**
7. **Make more cheerful**
8. **Meat from a pig**
9. **Bottle closure**

# Word Search Puzzle Number 56

```
P Z K E G I Y O V H Z A S C S G Y
N O R L F R W M P O P R B N T G N
B A N K T S E D F G X W B K O S Q
R B Z L C S L T J X N M H E B H H
Y K A E B L Q I R K M Q H K E Q Z
D P N F A P D X O E O K G J W Z S
N T L E G A J J L O A F U U L R Y
W M R T J T W H E R H T A V J G M
S E C N A R A E P P A I H S U G A
T C O R Y I A Z M Y I F K Y M C X
Q V S D C O J X O P O E I E C X O
Q M Q C N T G U C U T B R O U D H
E R I O O E R R K U V C M O O Z S
L C B I D R S A L L Y M S E I R T
Y L A Z N K C O S E O X L I D Y Q
E Z E R A S S H D D K U A X R T N
H Q K Z B B W L A E D O B A X I V
I W T H A M Q T G E Z H N N D F J
F L A R U R E R H C Z T W G R B H
W Z J F H I G T Y I N F X L G P A
```

| | | |
|---|---|---|
| ABANDON | EMBRACE | RURAL |
| ABODE | GRAZE | SCENT |
| ABSOLUTE | GUSH | SCORCH |
| ACCOMMODATE | MERCY | TRIES |
| ALLY | NOBLE | TYRANT |
| APPEARANCE | PALTRY | ZOOM |
| COMPEL | PATRIOT | |
| DOSE | RARE | |
| ELUDE | RETREAT | |

# Crossagram Puzzle Number 57

**Across**

**1** Ate (3)
**2** Subtle (6)
**5** Pay (3)
**6** Rat (3)
**7** Arcs (4)
**10** Pedal (5)
**13** Gel (3)
**14** Era (3)
**15** Stone (5)
**16** i.e. Lies on TV (10)
**18** South (5)
**19** Marine bus (9)
**20** Bad (3)
**21** Won (3)
**22** Ant (3)
**28** Hire candle (10)
**29** Gander (6)

**Down**

**1** Eastern (7)
**3** Soon ball! (8)
**4** Not (3)
**5** Aye (3)
**8** He cat, eh! (7)
**9** Infringe (8)
**10** Despair (7)
**11** Reductions (10)
**12** To a pot (6)
**17** Below (5)
**19** Treason (7)
**23** Pane (4)
**24** Cabs (4)
**25** Ram (3)
**26** Aide (4)
**27** Golf (4)

# Codeword Puzzle Number 58

| 1 | 2 | 3 | 4 T | 5 | 6 | 7 M | 8 | 9 | 10 | 11 | 12 | 13 |
|---|---|---|---|---|---|---|---|---|---|---|---|---|
| 14 | 15 | 16 | 17 | 18 | 19 | 20 | 21 | 22 | 23 | 24 | 25 | 26 |

**4 letter words**

AKIN
LIMB
MERE
NEAT
RUSE
TEND
URGE
YELP

**6 letter words**

ACCUSE
ADHERE
AROUSE
BEHEST
BRUISE
BURDEN
CONVEY
COVERT
DITHER
GLOWER
LAMENT

MERELY
RESORT
SAVOUR
VESSEL
VULGAR

**7 letter words**

ANXIOUS
BALEFUL
ELEVATE
FRANTIC
INVALID

ISOLATE
LEISURE
LENIENT
ONEROUS
PIONEER
RESPITE
RETREAT
SOLDIER
UTENSIL

# Word Search Puzzle Number 59

```
P J S V W V A I N P Q F C F F Y U
S F P U R S U I T R B A I T F I W
U T L O B F J O K E L R X A F U Q
O P A X T D U R E D N O P N W M O
I E Y I N N U S G I T Y Q S M K V
T Q T K S Z E E B C W B N Q V E D
A R W A E P U D A L C V O U O M
T N A G D A Q Q M A H Q K C O T
N J A N U O N T F E N T I R E V J
E I D I S E R I H N R K N O O O V
T D E I L P N R H T I F S D S Z H
S R S I E T A V E C W R O N U T X
O K Y R E K U R I T J Z L G T M U
T Q I R K M L S E R N Y E Q Y Q B
D S I T M K G A G N O I N Z Z Z H
H O E K C O M L I I T N T L N G B
R J V Y Y R P A S V N T M Y V G K
U L I A A R D R Y P I H B E R E T
I F A Z D W K Y H A T R E D N B K
B S N I A L E N R H P J T G B T X
```

| | | |
|---|---|---|
| BAIT | INTERIOR | SALARY |
| BERET | INTERROGATE | SPLAY |
| DUMB | MOCK | SUBDUED |
| ENTIRE | NAIVE | TRANSPARENT |
| ENVIRONMENT | OSTENTATIOUS | TRIVIAL |
| FREQUENT | PERISH | VAIN |
| HATRED | PONDER | |
| HIND | PREDICAMENT | |
| INSOLENT | PURSUIT | |

# Word Search Puzzle Number 60

```
V S U P E R F I C I A L B T B N C
D G D H B A U R T L R Q I C G V S
U H N P T P B C C R K M E T V G G
P I U I R E F I R N I V G O C I E
X F F O F E X N E D A F I E E F X
C H A N S V D T V C B N L P R H A
Y R Z E N I S I I Q D C B E M M S
U W M E S S S G C N A R O L F H P
A F P R E H H B E T C W E Y T T E
N C V E I C R P L B A T K C M T R
A K E X W Z V F U U Y B I W H T A
L N G M U E R G A J O Q L O A C T
Y Z O R V O H S X T S Z R E N R E
S K N T N Z O U K E U O J N E W D
E S H T E D X Z R Z U C G A W N G
E N I V I D L I F G B K T S R Q W
L Q V Z X M A F H R L Z Y N A A F
N U A D S L K O A X K I H I R L I
A T B R H Z L O Z H V Z J Y O H Z
Y F F S Z B E L L I G E R E N T Q
```

| | | |
|---|---|---|
| ANALYSE | FRONT | SUPERFICIAL |
| AWKWARD | FUND | THOROUGH |
| BELLIGERENT | INSANE | TIMID |
| CREVICE | NOTED | TRIFLE |
| DIVINE | OBLIGE | UPROAR |
| EXASPERATED | PEEVISH | WARY |
| EXTINCTION | PIONEER | |
| FLORA | PREDICTABLE | |
| FOOL | SERIAL | |

# Codeword Puzzle Number 61

| 1 U | 2 | 3 | 4 | 5 | 6 | 7 | 8 | 9 | 10 | 11 | 12 | 13 |
|-----|---|---|---|---|---|---|---|---|----|----|----|----|
| 14 | 15 | 16 | 17 | 18 | 19 | 20 | 21 | 22 C | 23 | 24 | 25 | 26 |

**4 letter words**
ABLE
DIRE
EMIT
HEED
IDLE
OMEN
REAP
YELP

**6 letter words**
ACROSS
ASSESS
BREACH
CLIENT

DEMISE
DEVISE
FIASCO
MUSTER
POLITE
PUMMEL
SEVERE
STRESS
SUBMIT
SYMBOL
SYSTEM
TIRADE

**7 letter words**
DEVIOUS

EMBRACE
EXTRACT
FRANTIC
IMMERSE
LIBERAL
REMORSE
RESOLVE
SARCASM
SCARLET
SCATTER
SULLIED
TEDIOUS
UTENSIL

# Crossagram Puzzle Number 62

## Across

1 Paces (5)

3 Pan (3)

6 Fillers (7)

8 Cat (3)

12 Recanted (8)

14 Ones (4)

15 Fats (4)

16 O, neat air! (8)

17 Dare (4)

18 Licensed (8)

21 Fitness (7)

23 Rustles (7)

26 Peon (4)

27 Salesmen (8)

28 Pot (3)

29 Trashed (7)

## Down

2 Tap (3)

4 Potters (7)

5 Ink (3)

7 Needless (8)

9 O, can't find! (9)

10 Cheaters (8)

11 Water, sis (8)

13 Counters (8)

19 Regally (7)

20 Inlets (6)

22 Runt (6)

24 Spins (5)

25 Bare (4)

26 Pot (3)

# Word Ladder Puzzle Number 63

| T | O | A | D |
|---|---|---|---|
| 8. | | | |
| 7. | | | |
| 6. | | | |
| 5. | | | |
| 4. | | | |
| 3. | | | |
| 2. | | | |
| 1. | | | |
| F | R | O | G |

## Clues:

1. Sell or offer for sale
2. Mark an item for attention
3. Synonym for level
4. Achievement
5. Synonym for phobia
6. At the back
7. Peruse
8. Street

# Word Search Puzzle Number 64

```
U U I N P J E E R S V G M B T K L
M I A L P A I N S T A K I N G C Q
P H O T A D K P R O B R E W Y O Y
O C H R O R S J I C I Y A O S D C
C T Z G E S E Q A K G I C Z E W C
R E C Z N I I F P Y S W E O B E N
O K E A J I D C S L V X X P E E Y
R S C F P C N B E F A J R C D A D
R U O D O M O N D M O I T K I F R
Y K C U M R I J U T I R H D C C M
A R Y L P B T J Z C J M E M Q E M
M X G P I T I H K Y Y W N I V R G
V T F L Z M T T C I E Y T I G U G
R G A D H O E A H O Y A S E C N R
Y W Y I M Q P V P U M S R K N K T
V X P D J P M P Z T E I C N W I P
S G S R E P O D W R M S N I A D S
I B Z A I I C X P A O F K G X M I
L O L H S U L P U G X N Y O H Z L
P W P H B Q O I P E F B J B V U G
```

| | | |
|---|---|---|
| AISLE | FORTHCOMING | PLUSH |
| ALIBI | GAIT | QUIP |
| APPEAL | IMPACT | SKETCH |
| COMPETITION | JEER | STOCKY |
| CUNNING | MUCKY | SWIG |
| DESPAIR | ODOUR | YEARN |
| DOCK | OPPRESSIVE | |
| FERAL | OUTRAGE | |
| FOREIGN | PAINSTAKING | |

# Codeword Puzzle Number 65

| 1 | 2 | 3 | 4 | 5 | 6 | 7 | 8 | 9 | 10 | 11 L | 12 | 13 |
|---|---|---|---|---|---|---|---|---|----|------|----|----|
| 14 | 15 | 16 | 17 Y | 18 | 19 | 20 | 21 | 22 | 23 | 24 | 25 | 26 |

**4 letter words**
CORE
DATA
DENY
FOIL
LIMB
PLOY
TEND
THEY

**6 letter words**
ABSURD
BARREN
COARSE
COSTLY

DITHER
FICKLE
FLAUNT
HATRED
LABOUR
LAMENT
MERELY
RUEFUL
SAVOUR
SENTRY
TRIFLE
ZEALOT

**7 letter words**
AMIABLE

ELEVATE
EVIDENT
FRANTIC
FRETFUL
INSPIRE
ISOLATE
LEISURE
LIBRARY
RESPITE
REUNITE
RIVETED
SKILFUL
TEDIOUS

# Word Search Puzzle Number 66

```
M D I C Z M T M T G F U T F I E L
Y G H S N D X K V C N F I L C N U
K D Z M E R P X D D T A Q U Z A F
G I I G F O E T A T I M I A W P E
R N W J B H S U J J P G X V V B T
E G C B R M E B F A N Q E Y I G S
D Y A V Y M J Y L Z B R Y S U R A
N O I T A G I L B O D K S A T I T
U N T I L Z O U Z S S U B V A Z S
S T N P A R P R K Y B C Z O V Q I
A G A Y R A T N E M I D U R N A D
E K V J L W F U U E P E K R W D Y
E T A I C E R P E D C O T R Q J I
L F O M H U G D V O K R E D A H E
R I X R C O M X N C H S O O Q L A
S O M C R A D C A M I I O N B C C
U S O I V E L U I G D A Q A O I O
J Z O M Y U N O N L U W R K Z D Y
R T K R D N F T O L F L Q X M E E
P R C E G E E B E S T O W F H U Z
```

| ABLE | GROSS | RIOT |
|------|-------|------|
| ASUNDER | IMITATE | RUDIMENTARY |
| BESTOW | LARK | TORRENT |
| CONCLUDE | MOOR | TRIVIA |
| DEPRECIATE | OBLIGATION | UNRULY |
| DIGEST | OCCUR | UNTIL |
| DINGY | PALLOR | |
| DISTASTEFUL | PANE | |
| DONOR | RESIGN | |

# Word Ladder Puzzle Number 67

| S | N | O | W |
|---|---|---|---|
| 7. | | | |
| 6. | | | |
| 5. | | | |
| 4. | | | |
| 3. | | | |
| 2. | | | |
| 1. | | | |
| R | A | I | N |

## Clues:

1. Surprise attack
2. Past participle of say
3. Synonym for slither
4. Fall to a lower level
5. Large boat
6. Where goods are sold
7. Reveal

# Codeword Puzzle Number 68

| 1 | 2 | 3 | 4 | 5 A | 6 O | 7 | 8 | 9 | 10 | 11 | 12 | 13 |
|---|---|---|---|---|---|---|---|---|---|---|---|---|
| 14 | 15 | 16 | 17 | 18 | 19 | 20 | 21 | 22 | 23 | 24 | 25 | 26 |

**4 letter words**

DENY
DIRE
HEED
MOAN
PLOY
RANK
RIFT
RUSE

**6 letter words**

ARDENT
ASCEND
BONNET
DITHER
EMERGE
LUSTRE
MALICE
OBLIGE
REALLY
RECITE
REPENT

ROBUST
SENTRY
SERIAL
TREATY
UPROAR

**7 letter words**

ABSENCE
ASUNDER
CONCEDE
DEFLATE
ELEGANT

EXPENSE
EXTRACT
IMITATE
PIONEER
PROLONG
SCATTER
SINCERE
SPECIAL
SWOLLEN

# Word Search Puzzle Number 69

```
T K T T I N C R E D U L O U S S F
I L N D S T J O R Y N O F H O I R
N O A W E O A G K S X Q G R X E F
V E G T M S H X Q O N R E C S I D
H V O W N F S Q M Y F T P P O E A
W I R T A E A A Z R T G I J M H R
D S R W N Y M S P I B T J O M E U
T S A Y B E N I B R E L L L P G R
C E A T I Z D N R W U I K P U N Y
A R W I L L I N G T S S U Y F B X
R G G M X Q U Z E H E C N L J N U
T O M H E G T W E L S D A U Q P D
N R D V P A A D U C P P S B Y L U
O P A Q U E G I Q O N S I J J L S
C O K X W X N R S G E A E J R E Q
D R Q L Q W O D E R M Z S R T A C
P I B R B N K V T D X Z X I E R J
V E B Y C W O S O G P H U P U T I
M H F U W B C I R P D Q H D D N R
Y A R T E B M G G R D V E N M J J
```

| | | |
|---|---|---|
| ARROGANT | HEIR | RESPITE |
| BETRAY | HOST | RESPLENDENT |
| BITTER | INCREDULOUS | SCUPPER |
| CONTRACT | MEAGRE | STRESS |
| CRUDE | NUISANCE | UNSURPASSED |
| DEMOLISHED | OPAQUE | WILLING |
| DETRIMENTAL | PROGRESSIVE | |
| DISCERN | PUNY | |
| GROTESQUE | QUITE | |

# Crossagram Puzzle Number 70

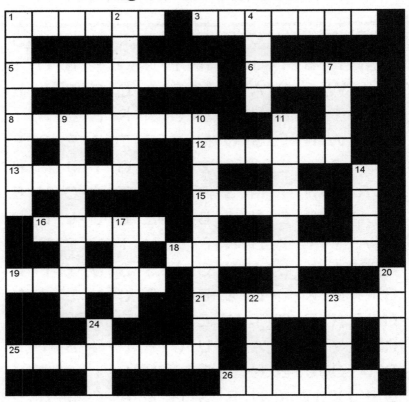

## Across

**1** Stripe (6)

**3** Marines (7)

**5** Trounces (8)

**6** Balms (5)

**8** Backward (8)

**12** Nicest (6)

**13** Tones (5)

**15** Canoe (5)

**16** Steak (5)

**18** Articles (8)

**19** Pooled (6)

**21** Can enter (8)

**25** Hectares (8)

**26** Reheat (6)

## Down

**1** I do parts (8)

**2** Tumbles (7)

**4** Lame (4)

**7** Bets (4)

**9** O, not paid! (8)

**10** Trek 'o miles (10)

**11** Cantered (8)

**14** Slip (4)

**17** Keen (4)

**20** Mate (4)

**22** Tied (4)

**23** Open (4)

**24** Amp (3)

# Codeword Puzzle Number 71

| 1 | 2 | 3 | 4 | 5 | 6 | 7 | 8 | 9 | 10 | 11 | 12 | 13 |
|---|---|---|---|---|---|---|---|---|----|----|----|----|
| 14 | 15 | 16 | 17 | 18 | 19 | 20 | 21 | 22 **C** | 23 | 24 **P** | 25 | 26 |

**4 letter words**
DAUB
HEED
NEAT
PLOY
SWIG
TEND
THEY
VEIL

**6 letter words**
AMOUNT
BROACH
COVERT
DIGEST

DISMAL
DIVERT
ELATED
FELINE
LATTER
LIABLE
OPTION
PROFIT
SCENIC
SCORCH
SENTRY
TREATY

**7 letter words**
AUSTERE

CALLOUS
CONCEAL
COUNSEL
DILUTED
ELEGANT
EMBRACE
ERRATIC
GALLANT
INTENSE
RESOLVE
RESTORE
TREASON
UTENSIL

# Word Search Puzzle Number 72

```
X N L U A C N E T A C Q U I R E N
N M T S J E C C H V X F N Z X I H
O E C Y E C S U G E W H V P A Z W
D A A W X I U P I L R Q N T O U C
N N P A F L Z R R T W O B R N E W
E D C G F A E E Q Z I O I N E B Z
T E Z S A M T Y P T W Q E C L D E
G R O O U E R R A B P C S C A E M
Q L V L S R O L H R E T L U M U T
E D P V Y C I Z B S R I P R Q D R
T S A C U T F D S K W A S T U T E
P F D R N M X A Z J O S S T B I A
B L E E B D R L X M H C M I M O C
K U V S C Y G D K F D L K H D T H
E M K T O Y U A R P N Q H A G E E
Z E E O N E F J S K Y X L A V R R
B C W N D M P I B N C Y R E C C O
S U U H E T B O W A G I I X L X U
A Q Z Z M H D H F Z S R R F O I S
C P S H N K P N V H G M V M M I W
```

| | | |
|---|---|---|
| ACQUIRE | MALE | SOLE |
| ASTUTE | MALICE | TENDON |
| CONDEMN | MEANDER | TREACHEROUS |
| CURT | OBTAIN | TUMULT |
| DISARRAY | PACT | UNNECESSARY |
| FLUME | PLUME | VENTILATION |
| GARISH | PROCURE | |
| GRIEVE | RIGHT | |
| HEROIC | SEIZE | |

# Answers

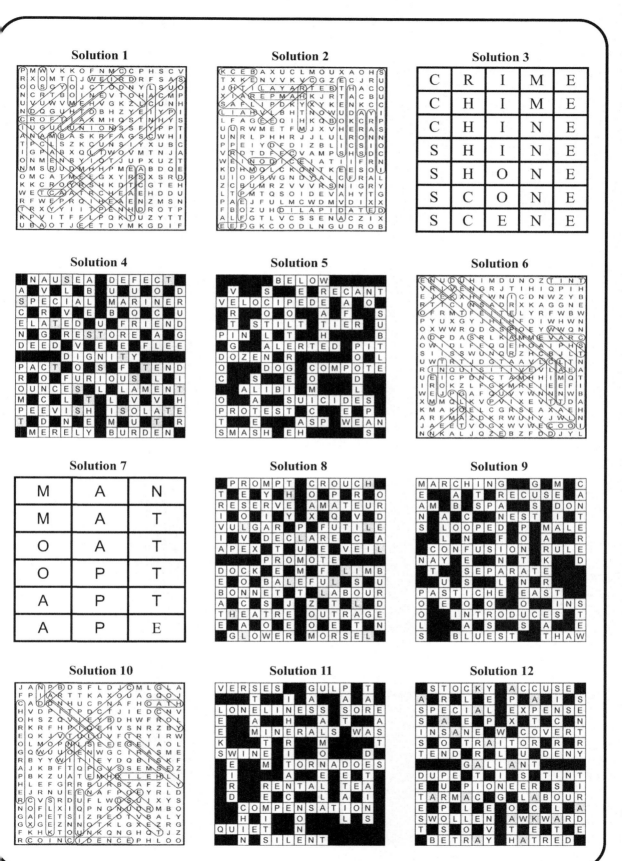

## Solution 3

| C | R | I | M | E |
|---|---|---|---|---|
| C | H | I | M | E |
| C | H | I | N | E |
| S | H | I | N | E |
| S | H | O | N | E |
| S | C | O | N | E |
| S | C | E | N | E |

## Solution 7

| M | | A | | N |
|---|---|---|---|---|
| M | | A | | T |
| O | | A | | T |
| O | | P | | T |
| A | | P | | T |
| A | | P | | E |

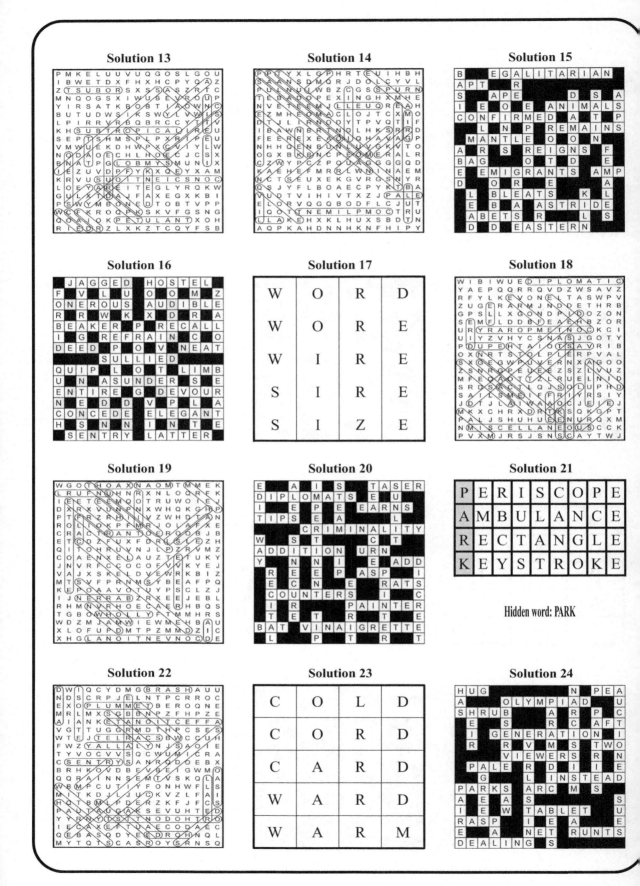

**Solution 13**

**Solution 14**

**Solution 15**

**Solution 16**

**Solution 17**

**Solution 18**

**Solution 19**

**Solution 20**

**Solution 21**

| P | E | R | I | S | C | O | P | E |
|---|---|---|---|---|---|---|---|---|
| A | M | B | U | L | A | N | C | E |
| R | E | C | T | A | N | G | L | E |
| K | E | Y | S | T | R | O | K | E |

Hidden word: PARK

**Solution 22**

**Solution 23**

| C | O | L | D |
|---|---|---|---|
| C | O | R | D |
| C | A | R | D |
| W | A | R | D |
| W | A | R | M |

**Solution 24**

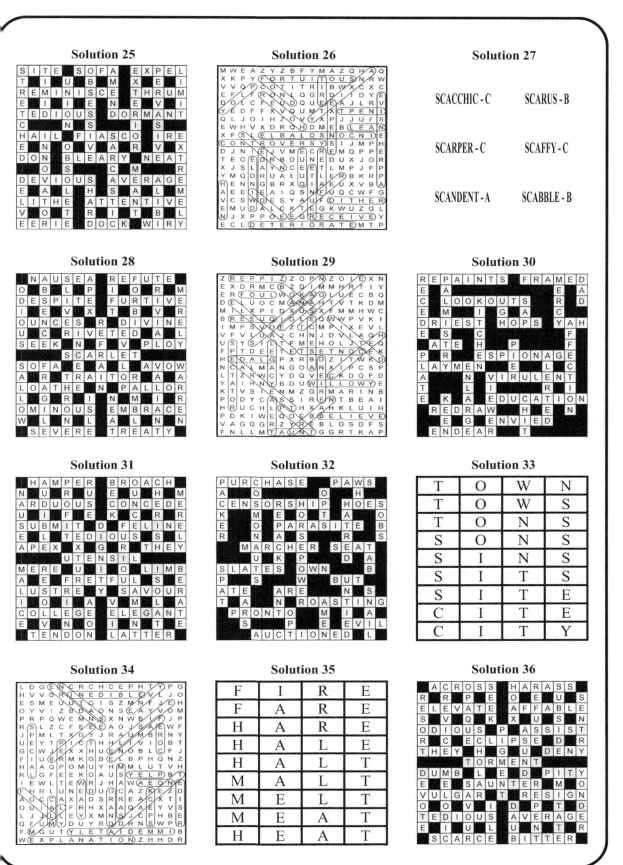

**Solution 25**

**Solution 26**

**Solution 27**

SCACCHIC - C  SCARUS - B

SCARPER - C  SCAFFY - C

SCANDENT - A  SCABBLE - B

**Solution 28**

**Solution 29**

**Solution 30**

**Solution 31**

**Solution 32**

**Solution 33**

| T | O | W | N |
| T | O | W | S |
| T | O | N | S |
| S | O | N | S |
| S | I | N | S |
| S | I | T | S |
| S | I | T | E |
| C | I | T | E |
| C | I | T | Y |

**Solution 34**

**Solution 35**

| F | I | R | E |
| F | A | R | E |
| H | A | R | E |
| H | A | L | E |
| H | A | L | T |
| M | A | L | T |
| M | E | L | T |
| M | E | A | T |
| H | E | A | T |

**Solution 36**

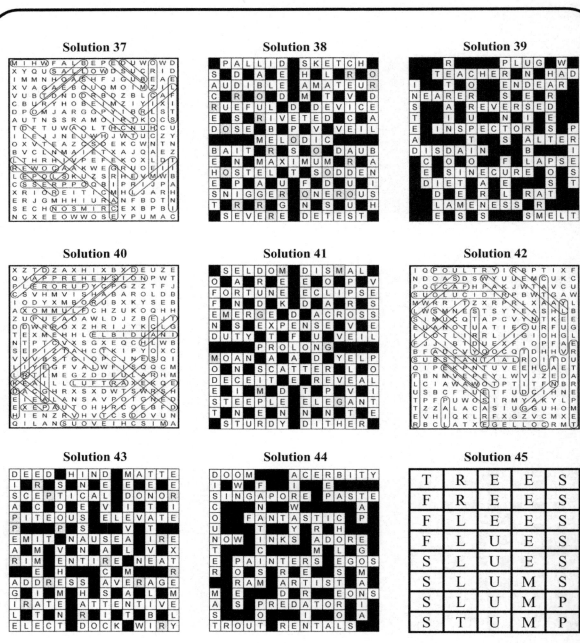

## Solution 37

## Solution 38

| P | A | L | L | I | D | | | S | K | E | T | C | H | |
|---|---|---|---|---|---|---|---|---|---|---|---|---|---|---|
| S | | D | | A | | E | | H | | L | | R | | O |
| A | U | D | I | B | L | E | | A | M | A | T | E | U | R |
| C | | R | | O | | D | | M | | T | | V | | D |
| R | U | E | F | U | L | | D | | D | E | V | I | C | E |
| E | | S | | | | R | I | V | E | T | E | D | | A |
| D | O | S | E | | B | | P | | V | | | V | E | I | L |

## Solution 39

## Solution 40

## Solution 41

## Solution 42

## Solution 43

## Solution 44

## Solution 45

| T | R | E | E | S |
|---|---|---|---|---|
| F | R | E | E | S |
| F | L | E | E | S |
| F | L | U | E | S |
| S | L | U | E | S |
| S | L | U | M | S |
| S | L | U | M | P |
| S | T | U | M | P |

## Solution 46

## Solution 47

## Solution 48

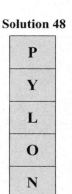

| P |
|---|
| Y |
| L |
| O |
| N |

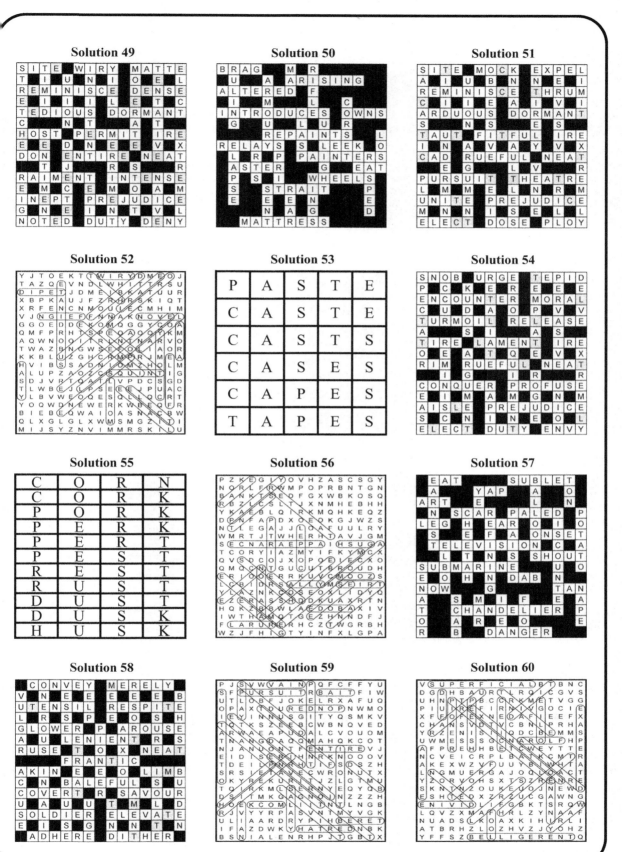

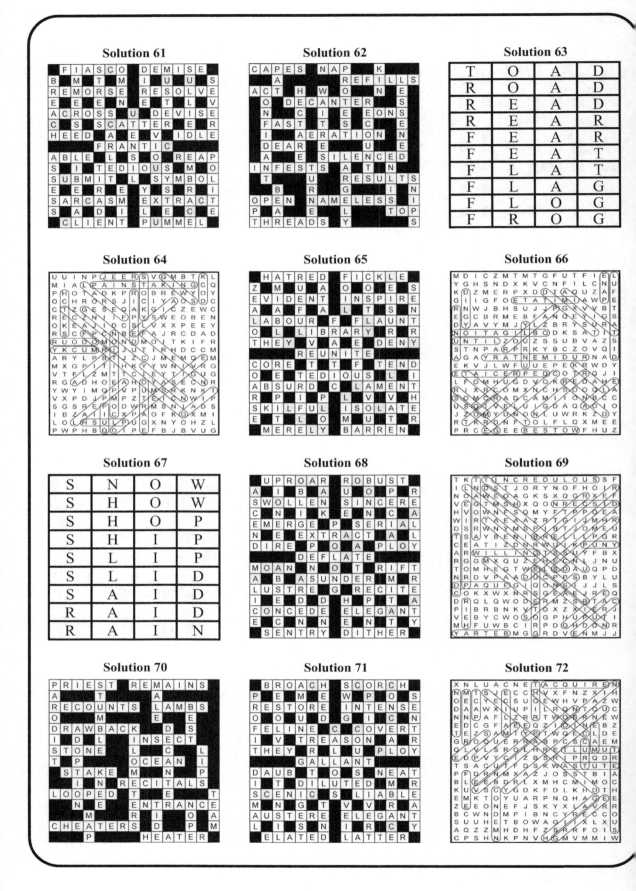

## Solution 61

## Solution 62

## Solution 63

| T | O | A | D |
|---|---|---|---|
| R | O | A | D |
| R | E | A | D |
| R | E | A | R |
| F | E | A | R |
| F | E | A | T |
| F | L | A | T |
| F | L | A | G |
| F | L | O | G |
| F | R | O | G |

## Solution 64

## Solution 65

## Solution 66

## Solution 67

| S | N | O | W |
|---|---|---|---|
| S | H | O | W |
| S | H | O | P |
| S | H | I | P |
| S | L | I | P |
| S | L | I | D |
| S | A | I | D |
| R | A | I | D |
| R | A | I | N |

## Solution 68

## Solution 69

## Solution 70

## Solution 71

## Solution 72

Printed in Great Britain
by Amazon

38700052R00051